L'ÉPISCOPAT
CATHOLIQUE
A ROME

PAR

LE R. P. TAPPARELLI D'AZEGLIO

ÉDITION AUGMENTÉE

DE

L'ADRESSE DES ÉVÊQUES AU SAINT-PÈRE

PRIX : 30 CENT.

PARIS
A LA LIBRAIRIE SAINT-JOSEPH
TOLRA ET HATON, LIBRAIRES-ÉDITEURS
68, RUE BONAPARTE, 68

1862

A LA MÊME LIBRAIRIE

LA RÉVOLUTION

PAR Mgr DE SÉGUR

SIXIÈME ÉDITION

Un vol. in-18, 60 c.; par la poste, 70 c.

« En quelques pages de ce style clair et limpide, simple et chaleureux, qui donne tant de charme et de puissance à sa parole, Mgr de Ségur dit ce qu'est la Révolution, quelles sont ses origines, quel est son but, quels sont ses moyens.

« Après avoir lu, il est impossible de se tromper encore sur les tendances de la Révolution, de se laisser séduire par les sophismes trop communs qui sont devenus comme la monnaie courante de la conversation. Il faut lire ce livre, *il faut le répandre partout;* nous supplions la jeunesse catholique de le lire et de s'en pénétrer. » (Extrait du *Monde*, numéro du 3 septembre 1861).

MÉMORANDUM

DES

CATHOLIQUES FRANÇAIS

SUR LES
MENACES DU PIÉMONT CONTRE ROME

PAR Mgr GERBET
ÉVÊQUE DE PERPIGNAN

Brochure grand in-8. — Prix . . . . . 2 fr.

La logique puissante et le style élevé qui caractérisent les productions de Mgr Gerbet se retrouvent à un haut degré dans ce nouvel écrit de l'illustre prélat.

L'ÉPISCOPAT
CATHOLIQUE
A ROME

Les œuvres de la Providence et de la Toute-Puissance divine, dans le monde moral comme dans le monde physique, par rapport à Dieu, ne sont susceptibles (dans le sens rigoureux des mots) ni de plus ni de moins. Créer un seul atome, ou lancer dans l'espace les astres du firmament; pousser vers ses fins un humble laboureur marchant derrière sa charrue, ou diriger les conseils de la diplomatie et les vicissitudes des peuples, des empires, c'est pour Lui une seule et même chose. Mais, par rapport à l'homme, Dieu s'est réservé certaines époques où, par des événements extraordinaires, il rappelle ses insondables desseins à ces intelligences orgueilleuses pour lesquelles les voies habituelles de sa Providence sont par trop communes, en quelque sorte triviales (*assiduitate viluerunt*, dit saint Augustin), et qui mettent en oubli les droits imprescriptibles de son éternelle majesté.

Nous le disions, nous l'entendions dire sans cesse, notre époque est une de ces époques que Dieu s'est réservées; nous y marchons de surprise en surprise. Presque à chaque détour des voies tortueuses où les impies s'engagent, la Providence les attend au passage pour s'opposer à leurs menées, déjouer leurs desseins, condamner leurs doctrines et les frapper de stérilité. La terrible menace : *Perdam prudentiam prudentium et sapientiam sapientium reprobabo* (1 Cor. I, 19) s'étend à tous les temps, à tous les siècles; mais les événements actuels la répètent pour nous d'une voix si élevée, si retentissante, que ses éclats doivent désespérer l'impie et le convaincre de la faiblesse de ses efforts, de la folie de ses complots.

Bornons-nous à appliquer cette observation à l'événement qui se passe sous nos yeux et qui est la répétition, mais la répétition agrandie, en quelque sorte miraculeuse, d'un autre événement dont nous avons eu tous le bonheur d'être témoins en 1854. Oui, miraculeuse! disons-nous, à cause du nombre des prélats qui y ont pris part, du peu d'importance, en apparence, de la cause qui a motivé leur réunion, de l'opiniâtreté, de la violence de ceux qui s'y opposaient, et de l'incertitude des temps orageux où nous vivons.

Il est beau et bon, sans doute, de prendre part à la glorification des martyrs et des saints, mais les affaires de cette nature n'ont plus pour le monde qu'une importance très-secondaire, à supposer qu'on y attache encore quelque intérêt. En effet, qu'importe aux gouvernements, aux diplomates, aux hommes d'État, qu'il y ait au ciel un saint de plus ou de moins! Il suffit de rappeler les impies et ordes sottises de la mauvaise presse contre saint Joseph de Cupertin, pour rester ébahis qu'en 1862 une simple canonisation ait pu égaler, surpasser même en proportions, une affaire d'État. Mais laissons de côté la mauvaise presse et les mécréants pour ne nous occuper que de nos évêques. Le fait de leur réunion à Rome, pour un tel motif et en aussi grand nombre, paraît, au premier aspect, d'une importance supérieure à la cause qui l'a produit. On n'en peut disconvenir, dans le monde catholique l'acte qui ouvre le ciel à un Saint, qui présente aux fidèles un nouveau modèle de vertus à suivre et à imiter, en un mot, une canonisation a toujours été et sera toujours pour l'Église un acte important, un acte solennel. Considérée même sous ce point de vue, qu'est-ce que la canonisation des saints martyrs du Japon, mise en parallèle avec la définition du dogme de l'Immaculée Conception? L'affaire de l'Immaculée Conception, à peu près sans égale dans les annales de l'Église par les circonstances qui l'ont accompagnée et par l'objet qui en faisait le fond, surpassait celle que l'on vient de traiter à Rome de toute la distance qu'il y a entre la mère de Dieu et ses plus humbles serviteurs ; la surpassait de tout l'empressement que les cœurs vraiment catholiques, la piété la plus douce, la ferveur la plus ardente, mettent à implorer le secours de Marie dans leurs pressantes nécessités, plutôt que de recourir à tel ou tel saint ; elle la surpassait, elle la dominait d'autant plus que la définition de ce dogme consolant était depuis bien des siècles plus ardemment désirée, plus impatiemment attendue, parce qu'elle contenait les espérances les plus magnifiques, les grâces les plus fructueuses et les plus efficaces pour le renouvellement du monde moral.

Toutefois les évêques qui, par leur présence, relevèrent l'éclat du triomphe de la Vierge sans tache et lui donnèrent un plus grand lustre, étaient de beaucoup inférieurs en nombre aux évêques qui ont assisté à la récente canonisation [1]. Cependant les temps d'alors n'étaient pas

[1] Il n'y avait à Rome que 196 prélats pour la définition du dogme de l'Immaculée Conception, et l'on en compte

comme les temps présents : ni les obstacles, ni les contradicteurs, ni les opposants. Les puissances catholiques paraissaient avoir oublié leur ancienne jalousie contre l'Église et se montraient zélées à l'assister et à la défendre contre ses ennemis. Le gouvernement français, encore dans la lune de miel, se souvenait des millions de suffrages que les catholiques venaient tout récemment de lui donner. L'empereur d'Autriche, affranchi, libre des préoccupations cruelles qui l'assaillent actuellement, s'abandonnait aux élans de son cœur, et, comptant sur la force et l'énergie de sa volonté, il préparait, dès le début de son gouvernement, un concordat qui sera pour lui une éternelle gloire et pour les ennemis de Dieu le sceau indélébile de la réprobation. Tous dévoués à la Mère de Dieu et à l'Église, les princes italiens (moins un, plus indifférent qu'incrédule au dogme de l'Immaculée Conception) s'estimaient heureux de concourir par leurs évêques aux nouveaux triomphes de Marie. Que dirons-nous de l'Espagne?... Qu'elle a pris l'initiative dans cette illustre cause ; qu'elle l'a soutenue, qu'elle l'a défendue, que toujours elle en a poursuivi la solution. Alors tout semblait sourire à ce pèlerinage de

---

323 pour la canonisation des saints martyrs Japonais. Depuis le dernier concile de Latran on n'y avait pas vu une pareille réunion d'évêques.

nos pasteurs et le rendre facile ; ils pouvaient aller à Rome sans craindre de voir les loups rôder autour de la bergerie. Aujourd'hui, on redoute tous les excès. L'erreur est prépondérante ; elle entasse décrets sur décrets ; elle s'entoure plus que jamais de canons et de gens de guerre, sans compter policemen et municipaux. Ses fureurs grondent dans les journaux. On tend aux peuples des embûches ; on les trompe par des mensonges. Les hommes de parti sapent tout gouvernement, toute autorité ; ils menacent les rois et, comme un tonnerre, ils font retentir à leurs oreilles les rugissements de la vengeance et de la haine. Et en attendant?... ceux que Dieu a constitués gardiens de son héritage, nos évêques, calmes dans cette confusion, dans ces tempêtes, restent inaccessibles aux insultes, aux mépris, aux emportements, et Rome, comme la Sion céleste qu'entrevoyait le saint prophète de Pathmos, voit venir à elle tous les peuples de la terre, lui apportant la richesse de leurs offrandes avec l'hommage filial de leur inviolable attachement. Si de nos jours il y a un fait extraordinaire, et si la Providence semble vouloir nous donner par la nouveauté même de ce fait, une révélation de son insondable sagesse, en vérité, c'est bien ce concours de l'Épiscopat catholique, ce concours qui remplit de joie les âmes fidèles et qui excite dans le corps tuméfié et putride de l'incrédulité, les convulsions de la colère et de la haine. Qui donc oserait le nier? Nul ne peut se défendre de voir et de sentir dans ce seul fait, tout matériel qu'il soit, un enseignement moral digne de captiver l'attention des hommes qui savent observer et penser.

Nous ne comprendrions pas nous-mêmes le problème que nous venons d'exposer, si nous avions la présomption d'en pouvoir déduire tous les enseignements qu'il renferme. *Incomprehensibilia sunt judicia ejus et investigabiles viæ ejus* (Rom. II, 33). On ne saurait découvrir, l'avenir seul nous l'apprendra, le but final que Dieu s'est proposé, en réunissant de cette façon, de tous les points du globe, des témoins si nombreux et si divers, pour qu'ils voient les douleurs, la patience, la force, le courage de son Vicaire persécuté, de même qu'il en avait amené de toutes les nations qui sont sous le ciel (*de omni natione quæ sub cœlo est*) à Jérusalem, pour qu'ils rendissent témoignage de la passion et de la résurrection de son propre Fils, notre Rédempteur. Enseignements divins! Mystères incompréhensibles!!! Mais, parce que nous sommes incapables d'épuiser cet océan et d'en sonder toutes les profondeurs, quitterons-nous ses rivages sans y puiser au moins quelques gouttes d'eau? Non, certainement, non! Car, si les voies de Dieu nous sont cachées, si elles échappent à nos investigations, les traits de sa Providence ne sont pas tous insaisissables, invisibles. Celui que nous avons signalé au début de cet écrit suffirait, serait-il seul, à nous montrer la main de Dieu renversant l'échafaudage des calculs et des projets de l'homme pour en faire éclater la folie, et la condamner par le contraste qu'offre à nos yeux le camp de l'impiété et de l'erreur avec le triple spectacle de la réunion des évêques dans la ville éternelle : spectacle d'union dans le vrai ; spectacle de force, de puissance dans l'unité ; spectacle de douceur et de modération dans la puissance. Développons en peu de mots cet intéressant et remarquable sujet.

I

Spectacle d'union dans le vrai.

Pour sentir les beautés de ce spectacle, mettons en lumière et analysons les oppositions et les contrastes de ce que fait, de ce que veut l'erreur. Pauvre de toute union morale, elle s'est mise en quête, un jour, de trouver ce point de ralliement qu'elle désire avec tant d'ardeur, et, après mille et mille vaines recherches, elle est toute interdite de se voir emprisonnée dans la tour de Babel. Elle veut l'union de la famille, et, après quatre-vingts ans d'étude sur la législation qui régit le mariage, elle en discute encore les préliminaires. Aux États-Unis, l'amour veut vivre en liberté; en Angleterre, le divorce, d'année en année, devient plus fréquent, plus commun; en France, il n'y a pas longtemps que M. Sauzet, de concert avec cent autres magistrats éminents, déplorait les méprises du Code civil sur cette matière; en Prusse, les piétistes et les hauts seigneurs sonnent l'alarme et crient au secours pour arrêter le torrent débordé et fangeux dont les rationalistes et les démocrates ont coupé les digues. Et la malheureuse Italie? Hélas! Tandis qu'elle s'enroue et s'épuise à crier : Dehors, les barbares! dehors, l'étranger! elle s'en va, courant le monde, butinant d'un code à un autre code, et ramassant des morceaux de papier salis dont elle tapisse les murs de sa propre maison.

On veut l'union dans la commune, et sans cesse l'on déclame contre l'attachement au clocher; les communes s'entre-divisent, les familles se brouillent sous l'action des partis. On veut aussi l'unité de l'État, mais on en coupe toutes les racines une à une jusqu'à la dernière. On détruit tout souvenir; on oblitère toute tradition; on fausse toute institution; on comprime tout sentiment qui se rattache au passé; comme si l'unité politique des peuples n'était pas la conséquence de l'union morale. Non, non! les nations ne se lient pas avec des cordes, comme des fagots de menu bois; les hommes ne s'attroupent ni ne se parquent, à l'aide de martin-bâton, ainsi qu'un vil bétail. On veut l'unification civile des peuples; mais croit-on pouvoir l'obtenir en vantant, en glorifiant à outrance l'indépendance de la raison humaine? Ce que l'on obtiendra par ces discussions passionnées, par ces récriminations haineuses, par la prépondérance despotique des majorités, c'est le monopole révoltant de l'instruction publique, cet empire sur la pensée qu'aucun homme (nous sentons cela dans la conscience) n'a le droit de prescrire ni d'imposer à un autre homme. Cette législation n'existe pas encore, c'est vrai; mais les journaux, les brochures, les livres, tombant dru comme grêle, y suppléent. On y supplée par les congrès scientifiques, par les académies, par les clubs, mais surtout par les émissaires des sociétés secrètes, qui, au lieu d'apporter aux peuples l'union, la communauté de pensées et d'affection réciproque, ne savent les assouvir que pour la haine et les révolutions. Ce renversement de toute notion du vrai, du bon, du beau a pris de tels accroissements, que les synodes protestants eux-mêmes, assemblés plus d'une fois pour renouer la chaîne de leurs croyances, n'ont fait que détruire les rares vestiges qui leur restaient de leur ancienne doctrine et n'ont pu s'accorder que pour douter de tout, pour reconnaître qu'à l'Église catholique seule appartient l'unité dogmatique, et que le protestantisme peut et doit se vanter de la diversité de symboles, ce qui (à leur avis) n'est ni le moins important, ni le moins précieux de ses attributs..... Les raisins sont trop verts !!!

C'est à cette extrémité qu'on a réduit le monde en voulant lui procurer la paix par de semblables moyens. Babel de désolation! Babel! ta vue remplit de douleur, même parmi nos frères séparés, les esprits droits, amoureux de la vérité, qui voudraient sortir des ténèbres du doute, et qui se sentent étouffer sous l'entassement de tes contradictions.

Or, quel pensez-vous que doive être pour cette foule d'esprits sérieux, si bien disposés, si éprouvés, le spectacle que Rome offre de nos jours à l'univers entier? Je m'imagine voir un de ces observateurs dans son cabinet, il parcourt dans son journal le compte-rendu des faits dont nous nous occupons. Les yeux de son intelligence fixés sur la Ville éternelle, il contemple les millions de fidèles qui, dans une merveilleuse communauté de sentiments, d'amour et de vénération, y ont accompagné, de cœur et d'esprit, leurs évêques. — « O bienheureux, doit-il se dire intérieurement, bienheureux ceux qui se soumettant à l'autorité la plus universelle qui soit sur la terre, croient avoir Dieu même pour garant de leur adhésion ! Peut-être se trompent-ils, se font-ils illusion ; mais s'il peut y avoir une certitude sur la terre, évidemment elle est à eux, ils la possèdent. Leurs conciles, composés de tout ce qu'il y a de plus élevé, de plus considéré entre les hommes éclairés, prudents, sages, arrivent toujours à formuler une décision que personne ne peut noter comme fausse. » (*Talis cum sis, utinam noster esses !*) — De telles réflexions, de tels sentiments d'estime, de respect, surgissant à l'esprit et au cœur des protestants mêmes, doit-on s'étonner si Pie IX a osé dire : *Tanquam prodigium factus sum multis et Tu adjutor fortis!* (Ps. 70, 7.)

Mais la surprise du loyal observateur augmente encore s'il considère le sujet qui a fait naître cette saisissante unité de pensées et de sentiments parmi les catholiques. Lorsqu'il s'agissait de l'Immaculée Conception, toutes les difficultés se résumaient à l'interprétation de textes, à la déduction d'arguments tirés des dogmes admis, aux objections de certains esprits captieux, obstinés, ou aux subtilités pointilleuses de parti pris. Quel catholique docile, soumis, se serait laissé corrompre par ces inepties, par ces pauvretés? On ne pouvait refuser d'adhérer. Mais aujourd'hui c'est de bien autre chose qu'il s'agit. La réunion des évêques, quoique motivée par la seule canonisation des martyrs japonais, devait forcément donner à nos prélats l'occasion de traiter et d'approuver, dans les formes voulues, la grave doctrine du pouvoir temporel, enseignée d'un commun accord, dans des documents célèbres et récents, par le Souverain Pontife et tout le corps épiscopal. Regardé sous ce point de vue, l'auguste congrès s'élève, s'agrandit dans sa signification, dans son importance. Importance, signification sentie et aussi justement appréciée qu'obstinément contestée par ceux-là mêmes auxquels l'auréole de saint, décernée aux nouveaux canonisés, n'imposerait que fort peu[1].

C'est ce que déclarait expressément, dans sa lettre pastorale du 19 mai dernier, l'éloquent archevêque de Toulouse, Mgr Desprez, en prenant congé de ses ouailles, au moment de partir pour Rome : « Nous aurions ajourné d'une
« année encore notre pieux pèlerinage. Nous
« désirions, avant de l'entreprendre, avoir par-

---

[1] Certaines gens qui se rient des droits les plus sacrés, ont eu grand peur de quelques pauvres vieillards, et ils ne rougissent pas d'avoir pu invoquer contre eux les lois les plus injustes et les plus tyranniques. (Voir l'*Armonia* du 3 mai 1862.)

« couru notre diocèse tout entier, afin de mieux
« faire connaître au Vicaire de Jésus-Christ l'état
« des âmes si nombreuses dont nous portons de-
« vant Dieu la terrible responsabilité. Mais sa voix
« elle-même, si pleine d'autorité et de charme,
« ne nous permet pas d'attendre la fin des tra-
« vaux que nous nous proposions de lui soumet-
« tre, et nous nous hâtons de nous rendre à sa
« voix. Nous l'écoutons d'autant plus volontiers
« que c'est celle d'un père frappé douloureuse-
« ment dans ce qu'il a de plus sacré, le droit
« et la justice, par ce qu'il y a de plus inintel-
« ligent, la violence.... Nous irons donc pro-
« clamer avec Lui la sainteté et la justice, et
« donner une preuve nouvelle de cette puis-
« sance de l'Église, qui, lorsqu'elle est plus me-
« nacée dans le présent, se réfugie avec con-
« fiance dans ses gloires du passé.... Nous lui
« porterons l'expression de votre foi et de votre
« filiale obéissance. Nous lui dirons que vous
« souffrez avec lui des maux qui déchirent
« l'Église, des angoisses qui la torturent et
« peut-être des calamités qui menacent son ave-
« nir. Nous lui dirons qu'au milieu de la con-
« fusion dans laquelle aujourd'hui tous les
« principes sont tombés, votre cœur est resté
« droit et votre volonté inflexible. Nous lui di-
« rons enfin que vous êtes avec Rome dans sa
« lutte contre le mal, dans sa juste résistance

« à l'iniquité, et qu'à travers les nuages dont
« on se plaît à voiler les plus vulgaires notions
« de la justice, vous êtes heureux de tourner
« vos regards vers elle, parce qu'au sommet de
« ses collines vous apercevez la lumière qui
« doit éclairer et sauver l'humanité. » Ainsi
s'exprimait ce vénérable et courageux prélat,
toujours prompt à accourir au premier rang
toutes les fois que les évêques sont appelés à publier et à défendre la vérité, y eût-il des risques
à courir ou des dangers à affronter. Vous voyez
avec quelle franchise, avec quelle clarté, il
expose à ses diocésains le véritable motif de
son voyage à Rome, où l'on persécute, où l'on
crucifie en quelque sorte le Vicaire de Jésus-Christ, pour l'amener à renoncer au pouvoir
temporel, qu'il est si important pour l'Église
de maintenir.

Avouez-le : y a-t-il sujet plus débattu, plus controversé? La couleur politique, dont les teintes
se reflètent sur la doctrine catholique relative
au droit de propriété, de souveraineté, de légitimité, induit en erreur malheureusement encore un grand nombre des enfants de l'Église,
et, quoiqu'il soit difficile de pouvoir reconnaître
comme sincèrement catholiques ceux d'entre
eux qui résistent au Pape et aux évêques définissant un dogme ou ordonnant et commandant
en matière de morale, ces débats, il faut en con-

venir, n'ont que trop fourni de prétextes à la division et à la discorde parmi les simples fidèles.

La question du pouvoir temporel, disons-le, politique en apparence, est brûlante; elle touche à des intérêts graves et nombreux. On y voit l'épée d'une puissante nation menaçant l'un, défendant et soutenant l'autre. On y voit la liberté des cultes octroyée, ou bien la liberté de conscience mise en péril. Pour les uns, c'est la paix de l'Europe courant les plus grands risques; pour les autres, c'est l'espérance du triomphe des partis avancés. Pour tous, en un mot, c'est le feu couvant sous les cendres. Serait-il possible de trouver des questions plus irritantes et d'un intérêt plus vif, plus général?

L'imagination se perd à compter les adhérents à la doctrine de l'Église sur cet article. Chaque nation a dans cette foule ses représentants; chaque doctrine ses envoyés. Les uns dépendent d'un gouvernement monarchique; les autres vivent à l'ombre d'un *statut*, ou sont citoyens d'une république. Les uns espèrent la chute d'un usurpateur, les autres attendent un prétendant. Les principes fondamentaux de politique et de souveraineté sont admis, discutés par chacun d'eux suivant leur manière de voir ou leurs intérêts, et ils en déduisent les conséquences les plus contradictoires, les plus variées. Pour accroître encore un contraste si étonnant, voyez, revenus d'un long voyage dans l'hérésie ou dans le schisme, Arméniens, Chaldéens, Bulgares, Cophtes, Grecs et Byzantins, entrer en lice, apporter leur contingent à ce solennel débat. Ils semblent rentrer dans le sein de l'Église romaine, en réciter le symbole justement et expressément pour s'associer à la manifestation solennelle de tous les peuples de la terre. Au milieu de ce courant d'opinions, dans ce chaos tumultueux des partis, soudain apparaît, tranquille, debout au gouvernail de la barque de Pierre, le Vicaire de Jésus-Christ. Comme le divin Maître, il commande à la mer, aux vents, et à sa voix le calme se fait. Avouez-le, la Providence vient d'opérer un miracle dans l'ordre moral, bien au-dessus des autres miracles de cette nature dont l'histoire nous a conservé le souvenir, et qui ne sauraient lui être comparés.

Mais comment a pu s'opérer ce miracle au milieu de ce soulèvement passionné, de ce chaos d'intérêts opposés? C'est ici précisément que se trouve l'aspect saisissant de cette œuvre de Dieu dans le régime du monde. Dans son plan d'action, paraît-il, il entrait comme préliminaire de faire abroger les lois antichrétiennes par lesquelles des *rois par la grâce de Dieu* enchaînaient les évêques à la glèbe de leurs diocèses; et, pour obtenir cette abrogation, la Providence évoque l'esprit des tempêtes révolutionnaires. Aussi prompt à obéir qu'à agir, l'esprit des révolutions répond : Me voici ! il souffle sur les trônes, et il les renverse; il souffle sur les codes, et il les déchire ; il souffle sur les conseils des ministres, et il les aveugle; il souffle sur les armées, et il les met en fuite ; et au fracas de toutes ces ruines, de ces écroulements, l'Église entonne l'hymne de sa liberté, de sa délivrance inattendue, qu'elle a payée souventes fois par la perte de ses biens et au prix de son sang. Mais qu'importe le prix ! à fin de compte elle est libre.

Est-elle libre ?... Oui, elle est libre d'affronter les chaînes et le gibet; liberté que lui avaient ravie depuis longtemps certains gouvernements hypocrites. Ils doraient ses chaînes, et, en usant tour à tour de génuflexions et d'insultes, ils mettaient les évêques dans la dure nécessité de se montrer, par esprit de charité et de prudence, en quelque sorte consentants et complices de son asservissement. Mais, à cette heure, il n'en est pas ainsi. Le front de ces gouvernements porte la marque des persécuteurs. On peut leur parler le langage que les évêques des premiers siècles parlaient aux empereurs schismatiques ou païens; ce langage, mesuré et plein de déférence lorsqu'il s'agit des intérêts terrestres, mais hardi, ferme et sévère, en ce qui touche aux choses de Dieu. A qui doit-on ce changement? Aux principes modernes ; à cette prétendue séparation de l'Église et de l'État. L'État dit à l'Église : — Je suis athée ; je ne te reconnais pas. Fais ce que tu voudras, mais obéis-moi. — Et l'Église répond : — J'obéirai dans les choses de l'ordre civil et politique, si tu ne commandes rien d'injuste ; mais si tu violentes les consciences, si tu enfreins les principes de la justice, je saurai désobéir et mourir. — L'Église est libre ; les évêques sont libres ; parce que l'État ne reconnaît aucune religion, se déclare athée et se fait persécuteur.

Mais ces persécuteurs violents et sans frein, pourquoi ne se montrent-ils pas? Pourquoi ne jettent-ils pas dans les prisons l'autre moitié des évêques, après avoir chargé de chaînes la première moitié ? — Voulez-vous le savoir? — C'est qu'il entre dans les desseins de la Providence de dégager de toute entrave la liberté de conscience, la liberté des cultes, la liberté de penser, et de laisser triompher l'esprit de secte et d'erreur. Il faut que l'amour de ces libertés germe dans toutes les têtes et s'enracine dans tous les cœurs. Il le faut, parce que cette peste étant universelle, engourdira la cervelle et les bras des gouvernants mêmes. Il le faut, parce qu'à la longue ces gouvernants craindront, eux aussi, de voir le peuple, qu'ils ont trompé dans ce qu'il avait de plus cher et de plus sacré, prendre au sérieux les promesses, les vains artifices avec lesquels on le berçait, s'armer du droit nouveau et briser l'idole du pouvoir devant laquelle il se prosternait par réminiscence du droit chrétien. Ainsi les principes mêmes de l'erreur opposent des barrières aux excès, aux abus de pouvoir, et affranchissent l'Église au moment même où, évoquant l'ancien despotisme et reniant leurs propres doctrines, des ministres voudraient river ses chaînes plus étroitement.

Oui, par ces moyens et pour le désespoir des incrédules et de ceux qui s'y opposaient, la Providence a rendu possible le voyage des évêques à Rome, et leur glorieuse réunion (*Salutem ex inimicis*. Luc, i, 71). Pendant que toutes les cupidités matérielles des deux continents se donnent en spectacle à l'exposition industrielle de Londres, la vérité catholique nous offre à Rome le tableau de l'unité, de l'union uniververselle dans un véritable congrès humanitaire. A Londres, le monde affairé seulement (civilisé, comme on veut le dire) se donne rendez-vous. Mais Rome attire à elle tous les peuples, même les plus éloignés et les moins avancés en fait de civilisation. A sa voix ont répondu Chinois, Thibétains, Ethiopiens, Océaniens, et sous ses étreintes maternelles les distinctions de race et de couleur disparaissent dans la plénitude de l'union avec le Christ. Londres, c'est la réunion intéressée d'hommes avides, jaloux, qui viennent là étudier la manière de se supplanter réciproquement dans la primauté industrielle et commerciale. A Rome, tous les peuples s'associent dans l'union morale du vrai, auquel ils adhèrent de toute leur âme; ils s'associent pour s'aimer, s'éclairer, s'entre-aider, et par cette union, qui est le *bien des intelligences*, répandre dans le monde les idées d'ordre, de justice, d'amour, qui font germer et fleurir spontanément et par surcroît tous les biens matériels. *Hæc omnia adjicientur vobis*. (Matt. vi, 33.)

Comparez maintenant ces deux spectacles d'union : union d'industrie, dans laquelle des peuples rivaux, avides de jouissances matérielles, luttent entre eux pour se supplanter; union de foi et d'amour entre des peuples frères, désireux de ce bien des intelligences dont on jouit d'autant plus qu'il est plus largement réparti; union que la divine Providence a formée par les libéraux mêmes, contrairement à leurs principes, à leurs œuvres, aux tendances du siècle, et dites-nous si ce spectacle de l'union catholique que Rome donne au monde, en dépit ou plutôt à cause d'une opposition formidable, n'est pas un grand miracle !

II

Spectacle de force et de puissance dans l'union.

La victoire remportée sur les fauteurs d'opposition et sur l'opposition elle-même rend sensible dès à présent la deuxième merveille que nous nous proposons de contempler dans l'unité catholique : le spectacle de force et de puissance de cette unité. Pendant que le monde attend avec crainte des événements futurs ; que des villes s'écroulent sous le feu des canons d'une armée de terre et de mer ; que des royaumes disparaissent par les menées des sociétés secrètes et par l'action des partis ; pendant que les monarques les plus puissants tremblent sur leurs trônes ébranlés, qu'ils appellent auprès d'eux par centaines des régiments et des escadrons armés d'engins de guerre et d'instruments de mort, sans bien savoir si toutes ces armes serviront à les défendre contre leurs sujets excités à la révolte ou contre les coups de l'étranger ; pendant que des ministres, des parlements, des députés, des électeurs, constitués pour soutenir des trônes vacillants, accroissent eux-mêmes les dangers et conspirent avec l'ennemi, le souverain d'un très-petit État, sans armée, sans flotte, signalé ouvertement à la fureur des révolutionnaires; ce souverain, menacé d'abandon, à la veille d'être délaissé par les princes mêmes qui se disent lui être dévoués, reste ferme dans son droit : de par son droit, il appelle auprès de sa personne sacrée l'élite de ce qu'il y a de plus illustre, de plus éminent, entre les gardiens de la vérité, entre ceux qui sont préposés à la conduite des âmes; et il obtient la prédominance morale sur l'universalité des forces matérielles qu'on lui opposait. Direz-vous qu'en ceci il n'y ait pas un prodige de force et de pouvoir? Le fait par lui-même démontre notre proposition : l'unité catholique renferme en soi une immense puissance.

Certainement cette vérité ne devrait pas avoir besoin de preuves pour un catholique; elle est gravée en caractères splendides dans le Code divin où est conservée la parole infaillible de Dieu[1]. Elle est même d'une telle évidence pour les hommes d'État les plus éminents, qu'en diplomatie on ne la contesterait pas plus qu'on ne contesterait un axiome : « De grâce, ne me

---

[1] Confidete; ego vici mundum (Johan., xvi, 33). Hæc est victoria quæ vicit mundum, fides vestra (I Johan., v, 14).

brouillez pas avec le Pape : traitez avec lui comme s'il était à la tête de deux cent mille baïonnettes, » écrivait à ses ministres Napoléon Ier, ce politique aussi profond que grand capitaine; et lorsque, dans l'enivrement de sa gloire et de ses triomphes, il oublia, pour son malheur, ses propres paroles, un autre diplomate, non moins profond, non moins pénétrant, mais plus incrédule que lui, Talleyrand, en un mot, les lui rappela, lui reprocha sévèrement l'imprudence d'une rupture avec le Pape, et, par son refus d'accepter la mission que lui donnait l'empereur, il nous a montré énergiquement l'incontestable puissance du catholicisme.

Malheureusement pour la révolution italienne les diplomates profonds et habiles ne sont pas nombreux dans son sein. Elle a commencé son œuvre de destruction précisément par les actes et les moyens que Napoléon Ier a reconnus, par sa propre expérience, être de nature à ruiner, même après parfait achèvement, les entreprises les plus fortement combinées. Les convictions religieuses font négliger aussi bien souvent des bons et fervents catholiques certains arguments purement humains qui toutefois aident beaucoup à rendre plus forte et plus grande l'évidence de certaines vérités de croyance et de foi. Pour les uns et pour les autres, il sera profitable et avantageux d'analyser les principes déterminants de cette puissance que la réunion des évêques a rendue si vivement manifeste; les premiers y trouveront profit, parce qu'ils auront occasion de réfléchir aux erreurs dont ils déplorent déjà les malheureuses conséquences; les seconds y trouveront avantage, car, connaissant déjà comme ils les connaissent la nature et la cause de leur propre force, ils puiseront dans ces considérations une plus grande énergie pour soutenir la lutte.

La première des raisons naturelles qui doivent nous servir à démontrer la force du catholicisme est ce caractère d'union dont nous avons considéré la grandeur dans l'article précédent.

Toute unité est principe de force : c'est incontestable; personne n'ignore que, même dans la nature physique, la force de résistance est le produit de la plus grande union des molécules adhérentes. S'il en est ainsi pour des molécules inertes, des millions d'êtres intelligents, associant leurs bras et confondant leurs efforts pour le même but, seraient-ils, seuls dans la nature, incapables de produire des effets similaires de force et de puissance? Consultez les œuvres de l'illustre cardinal Wiseman et de cent autres érudits, vous y verrez de quelle manière les anciens peuples de l'Orient, dans la construction des monuments qui font l'étonnement des siècles, ont pu, à force de bras, obtenir, à quelque chose près, les puissants effets que produisent les machines de notre temps. On sait comment, dans les phalanges lacédémoniennes ou dans les légions de Rome, quelques milliers de braves, concentrant leurs forces sur un même point et dans un effort simultané, déterminaient l'issue des batailles. La puissance découle donc naturellement de l'union, et quand l'union est plus parfaite, plus grande par conséquent doit être la puissance.

Or l'unité du catholicisme est la plus parfaite qu'on puisse trouver dans la grande famille de l'humanité. La plus parfaite, en vérité, parce qu'elle procède, ainsi que la puissance de tout droit, d'un principe interne, la ferme persuasion d'une vérité pratique à laquelle vient s'adjoindre la volonté d'agir efficacement; mais avec cette différence que, dans les autres droits, cette ferme persuasion, comme toute chose humaine, est sujette à des défaillances, à des manquements, non-seulement dans la conscience de ceux qui devraient respecter et défendre le droit chez autrui, mais encore dans l'esprit de ceux-là mêmes pour qui parle le droit, et dans la volonté desquels le droit pivote et repose. En effet, c'est bien ce qui arrive, lorsque, soit par fatigue de luttes inutiles, soit par crainte d'un ennemi menaçant, soit dans le désir de sauver par une sage composition une partie d'un tout que la fermeté ferait perdre inévitablement (c'est prudence alors, si un devoir n'est pas violé), des souverains renoncent à un droit, sacrifient une grandeur, se retirent d'une entreprise où l'honneur et le courage sont engagés, se rendent enfin et écoutent la voix de l'intérêt. Mais malheureusement les rois doutent souvent les premiers de leurs droits, et c'est dans ce doute que gît la plus puissante cause des ébranlements qui de nos jours font vaciller les trônes, et à plus d'un d'entre eux on pourrait appliquer ce que la révolution en France disait en chantant du malheureux Louis XVI :

> ... Notre roi, se croyant un abus,
> Voudra bien cesser de l'être.

Donc, malheur au royaume, malheur à l'armée, malheur à la famille, quand le prince, le général ou le père doutent eux-mêmes s'ils ont le droit de commander et restent dans l'indécision. La plupart des gouvernements reposent aujourd'hui sur des principes erronés; voilà la cause, la principale cause de la désorganisation sociale.

Mais si la persuasion du droit est si peu affermie dans la conscience de ceux-là mêmes chez qui elle devrait avoir jeté de plus profondes racines, combien plus pourra-t-elle être chancelante dans la conscience de ceux qui dès le début ne croyaient que médiocrement en la bonté de leur cause, et chez qui la conviction s'en va peu à peu, en s'amoindrissant de degré en degré jusqu'à l'oubli le plus absolu. C'est ce qui est arrivé à maints et maints prétendants. Leurs droits au trône, incontestables, ils en ont douté, ils les laissent en quelque sorte prescrire. Et pourquoi?... A cause des complications, des troubles, du sang versé, qu'occasionnerait, peut-être sans espoir de succès, toute tentative faite pour leur revendication.

Mais quand il est question du Pape, du Pape agissant dans une de ces affaires où les intérêts de la chrétienté sont en jeu, on voit la fixité immuable du droit dans les idées et dans les faits (l'histoire est là), soit du côté du Pape en qui réside ce droit, soit du côté de ceux qui doivent le défendre et le maintenir. Le Pape ne peut douter de son droit. La foi lui apprend qu'il est le chef de l'Église sur la terre; que le Saint-Esprit l'assiste et le soutient dans les difficultés; que sa personne est exposée à ces courants tempétueux qui ont agité et qui agiteront la barque de Pierre jusqu'à la fin du monde; mais il sait aussi que l'autorité du pilote ne peut faillir et qu'elle restera intacte contre les assauts de l'enfer conjuré. Le Pape ne reniera pas son droit, et si, dans un moment de faiblesse (la nature humaine est fragile), trois ou quatre pontifes, ainsi que Pie VII à Fontainebleau, ont pu se méprendre et perdre de vue l'empreinte des pas de saint Pierre, ce fut pour réparer bientôt leur manquement, et le réparer de telle manière, qu'ils convainquirent plus fortement le monde de leur fermeté dans le droit et dans le devoir; oui du droit, du devoir, qui forment l'essence de la fermeté même.

Si le pasteur reste ferme, inébranlable, l'idée du droit ne subira aucun revirement, n'éprouvera aucune altération dans la conscience des fidèles; il pourra bien se faire que quelques-uns, par couardise, battent en retraite, et que le nombre de ceux qui rendent hommage au bon droit soit un peu diminué. D'autres aussi, cela peut être, tout en respectant le droit, hésiteront dans le choix des moyens les plus propres et les plus efficaces à le défendre. On en suspendra l'action, ou l'on en retardera le triomphe. Qu'importe? prescription ne vaut pas. Les horreurs d'une guerre civile n'ajouteraient rien à l'immobilité de ce droit. Les vrais catholiques ne le mettront jamais en doute, et jamais ils ne s'affranchiront du devoir d'en réclamer l'accomplissement avec force et persévérance.

Telle est la première cause de cette grande puissance que Rome nous fait considérer aujourd'hui dans un merveilleux spectacle; elle est toute interne, intrinsèque, parce qu'elle repose sur le droit, et que l'exercice de ce droit est revendiqué par une volonté que les coups de canon ne sauraient faire plier. Les ennemis de Rome le savent bien, et ils le voient ; aussi crient-ils à l'*obstination,* à l'*aveuglement* ; mais en vain.

Donc, *puissance d'unité, puissance de droit* ; ajoutons à ces deux éléments de la puissance catholique la vitalité et la sainteté de la certitude sur laquelle s'appuie le droit, et nous aurons mis en lumière deux nouvelles preuves, ni moins claires, ni moins énergiques, de la vérité que nous soutenons. Notez-le bien, nous ne nous posons point sur le terrain du surnaturel, en évoquant l'idée de secours divin dans une si sainte cause. Non. Nous laisserons nos adversaires dans leur incrédulité ; ils peuvent persister tranquillement à ne pas croire, à ne pas redouter l'aide de Dieu en faveur de l'Église. Nous nous renfermons strictement dans le fait visible, certain, incontestable, à savoir que deux cents millions de catholiques agissent avec la ferme certitude que les principes du droit sur lequel ils s'appuient sont infailliblement vrais, et que, par conséquent, sainte, immortelle, est la cause dont ils ont pris la défense. En présence de ce fait (dites-le inqualifiable tant qeu vous voudrez), pourrez-vous nier la force, la puissance de cette multitude s'assemblant, se groupant, se confondant dans une unité parfaite d'ordre moral, et agissant sous l'influence de la certitude la plus efficace, la plus énergique? Rien ne résiste à une armée qui se croit invincible; avec une pareille croyance, on devient invincible si on ne l'est pas; comme aussi, par contre, battue d'avance peut se dire une armée, lorsqu'elle se croit incapable de vaincre. Or les catholiques sont dans la ferme persuasion que l'Église doit courir de victoire en victoire, *exivit vincens ut vinceret* (Apoc., VI, 2), qu'elle régira et qu'elle abritera un jour sous les plis de son manteau tous les peuples du monde. Nierez-vous la force que doit donner à une armée de deux cents millions d'hommes cette certitude? C'est du fanatisme, direz-vous. Soit; nous n'épiloguerons pas sur le mot; vous ne pourrez quand même vous inscrire en faux contre la puissance que nous démontrons; car à qui persuaderez-vous qu'un fanatisme qui dure depuis dix-huit siècles parmi les peuples les plus civilisés, parmi les hommes les plus éclairés, parmi les âmes les plus honnêtes, n'ait en lui force, puissance, et que, tout fanatisme qu'il soit, il ne puisse être invincible?

Oui, certainement invincible! puisqu'il ne peut moins faire que de s'unir, comme vient de le faire l'Épiscopat, avec la redoutable conspiration du *Credo* et l'indomptable audace du martyre. Que cette audace est contagieuse ! surtout pour les âmes fortes et sensibles. Nous l'avons vue, il y a peu de temps, nous l'avons vue se réveiller dans le cœur de l'Épiscopat italien, et l'entraîner en masse (*nisi filius perditionis*), dans de saintes hardiesses : c'est un heureux présage des victoires futures de l'Église. Les enfants de la révolution, les ennemis de la papauté, voient déjà, nous en sommes assurés, qu'ils se sont heurtés contre un obstacle dont ils n'avaient pas sondé la force, et, sans aucun doute, ils se repentent de n'avoir pas suivi les conseils des hommes réfléchis qui, du doigt, leur montraient l'abîme où ils se précipitaient. « Pour l'amour de Dieu ! ne touchez pas à « l'Église, leur criait-on de toute part, n'asso- « ciez pas la cause de l'Italie à la cause de l'ir- « réligion. Ne réduisez pas vingt-cinq millions « de catholiques à la dure nécessité ou de renier « Dieu, leur conscience, les traditions de leur « pays, ou de maudire, par d'inexorables malé- « dictions, la cause que vous mettez en avant. « N'appelez pas sur vos têtes, avec les ana- « thèmes du Vatican, l'exécration du monde « catholique. » Tout fut inutile. Les oreilles étaient assourdies, les bouches étaient pleines de déclamations contre l'*odieux* gouvernement des prêtres, contre les *hypocrites de sacristie*, qui ne défendaient la cause de Dieu qu'en vue d'un vil intérêt. Au premier éclat de la tempête, le clergé devait déserter le camp du Très-Haut pour conserver l'espoir de moissonner, dans les domaines de la défection, autre chose que la misère et des chaînes. Malheureux aveuglés! ils croyaient voir le pasteur tomber, et le troupeau se disperser au bruit de sa chute.

Mais les événements n'ont pas justifié ces espérances sacriléges. Les ennemis les plus acharnés de l'Église ont été les apôtres dont s'est servi la Providence pour raviver le rayonnement de la foi et les irrésistibles ardeurs d'un zèle que n'émeut aucune crainte. Grâces immortelles vous soient rendues, involontaires et merveilleux instruments de la Providence restauratrice! à vous, Mazzini, Garibaldi, Siccardi, Cavour, Farini, Cialdini! Grâces à vous tous, féroces et impitoyables persécuteurs! C'est à vous que l'Église le doit, si son organisation, ses lois, ses tribunaux ont été étudiés, loués par les Rayneval, par les Sauzet; c'est à vous qu'elle le doit, si son pouvoir temporel, défendu par l'Épiscopat, a presque pris les proportions d'un dogme; c'est à vous qu'elle le doit, si des milliers de jeunes héros ont étonné le monde par leur sacrifice et sont venus affronter la mort sur les champs de bataille pour son amour; c'est à vous qu'elle le doit, si le courant de l'or catholique vient soulager les angoisses du Père commun, et raviver la foi des enfants qui le secourent; si les envoyés de tous les peuples accourent à Rome, ce sanctuaire de paix, d'obéissance et d'amour, où le mensonge plaçait une Babel de confusion et de terreur. Grâces! c'est à vous enfin qu'elle le doit, si la phalange des chefs d'Israël, si le corps intégral des prélats italiens, que l'on croyait être énervés et affaiblis par une longue paix, se sont montrés du coup héroïques dans la résistance, et de vrais martyrs en partant pour l'exil. Continuez, redoublez de calomnier, de persécuter : c'est là le meilleur instrument dont la main de la Providence se sert pour fortifier les croyants dans la foi, et avec la foi l'union, et avec l'union la victoire.

Jusqu'ici nous avons adressé nos paroles aux partisans de l'erreur et de la révolution qui frémissent à la vue d'un héroïsme qu'ils ne soupçonnaient pas, et qui restent étourdis sous les coups d'une puissance qu'ils ne sauraient vaincre. Qu'on nous permette maintenant de parler à ces catholiques qui n'ont jamais compris la puissance de l'Église, qui n'ont peut-être jamais considéré les éléments dont sa force s'accroît et se nourrit, ni sondé les profondeurs du ciel et de la terre jusqu'où elle a porté ses racines et ses rameaux. Vous aimez l'Église, leur dirons-nous, vous lui êtes attachés par toutes les fibres de votre cœur, par toutes les facultés de votre âme, et, parce que vous l'aimez, vous redoutez pour elle les attaques de ses ennemis. Vous l'exhortez à pactiser avec eux, à leur donner toute liberté de faire le mal, pourvu qu'ils consentent à lui laisser en retour la liberté de parler, de promulguer, de défendre la vérité, et vous demandez ce que les catholiques peuvent espérer sans cet arrangement? Donneurs de si bons conseils, venez; venez contempler le spectacle de Rome, et vous verrez ce que les catholiques ont à espérer quand les évêques de tout l'univers tiennent haut et ferme la bannière du Christ, proclament unanimement la vérité, s'attachent obstinément à la défense du droit, refusent inexorablement tout pacte, toute transaction où la morale serait compromise. Venez, et vous verrez que les catholiques peuvent espérer de maintenir ce qu'ils auraient eu occasion de perdre mille fois pour une; de dompter avec le droit ce qui ne respecte que la force, et de faire condamner par l'opinion publique ceux-là mêmes qui la proclament souveraine et juge en dernier ressort.

On reconnaît la force de l'Église, mais on l'attribue en pratique à des causes purement humaines, et conséquemment à cette fausse donnée, qu'il faut subir l'impérieuse nécessité des

alliances politiques, des spéculations, des combinaisons, des négociations, des intrigues diplomatiques, des changements, des concessions, des transactions avec les partis ; et l'on se dit :
« L'Église devrait accepter nos conseils et être
« bien persuadée que, si mieux que nous elle
« connaît le chemin du ciel, nous connaissons,
« nous, mieux qu'elle les voies tortueuses des
« cours et des cabinets. » On prend ainsi l'habitude de juger d'après les principes humains les vérités religieuses, les décisions et les actes du Souverain Pontife, et l'on a la délicatesse de lui dire, d'un ton pédant, ce qu'il convient de faire dans des choses qu'on regarde comme étant de l'ordre des intérêts purement humains, mais qui sont, aux yeux de l'Église, du ressort de son gouvernement spirituel.

Non, nous ne savions pas, dirons-nous à ces âmes faibles et chancelantes dans la foi, nous ne savions pas que Rome eût perdu sa réputation de grande politique ni qu'on pût la croire tout à fait inhabile et inexpérimentée dans le labyrinthe des cours et de la diplomatie, parce qu'elle dédaigne de s'y engager. A tout prendre, qu'elle soit incapable de ces habiletés ou qu'elle méprise ces biais, ces détours, voyez ce qu'elle a obtenu. Des forcenés, par milliers, l'entourent, la cernent de toutes parts, vocifèrent, blasphèment contre elle, et pas un n'ose la toucher [1]. Savez-vous pourquoi elle est si tranquille, pourquoi ses ennemis sont tremblants ? C'est qu'ils ont vu le Pape proclamer la vérité, la défendre et affronter la mort. Ils ont vu derrière le chef de l'Église des milliers d'évêques qui le suivront dans l'exil s'il va en exil, qui monteront sur l'échafaud avec lui si on veut le faire mourir. Ils ont vu derrière ces évêques deux cents millions de catholiques qui admirent l'énergie du Saint-Père, qui étudient ses exemples, qui le consolent dans ses souffrances [2], qui envient ses palmes, et puis ?... et puis ils ont entendu le tonnerre effrayant d'imprécations des âmes justes et honnêtes contre le bourreau qui voudrait écraser sous ses pieds le cœur de sa victime. Oui, ce cri universel de tout ce

---

[1] Migliaia di bracchi le abbaiano intorno e non ve n'è uno che osi addentarla.

[2] Trois femmes, dont l'une portait le costume populaire de la Bretagne, étaient à genoux sur le passage de Pie IX, sortant de ses appartements pour aller à la promenade. Voyant le Pape venir à elles pour les bénir, la généreuse Bretonne lui dit, avec cette simple et noble franchise qui est le trait caractéristique des enfants de cette illustre province : « Très-saint Père, j'ai deux fils dans les zouaves ; j'ai été bienheureuse de vous les offrir. » Ce fait parle éloquemment et de lui-même ; il n'a pas besoin de commentaire. Ceci se passait il y a quelques jours seulement ; c'était dans la première quinzaine du mois de juin de cette année, 1862.

qu'il y a d'hommes honnêtes et généreux a une telle puissance que Rome, humainement parlant, en devient invincible.

Un mot maintenant à ceux qui reconnaissent la force de l'Église et l'admettent, mais sans y trouver une garantie suffisante aux intérêts des peuples si une charte constitutionnelle ne vient au secours de leurs aspirations, et n'ajuste uniformément, sur le patron qu'auront taillé à leur guise certains publicistes, tous les membres de la grande famille catholique, si variée de mœurs et de coutumes. Nous n'avons pas l'intention de nier l'influence des formes matérielles de la politique ni de nous déclarer partisan de celle-ci plutôt que de celle-là, pourvu que la légitimité de la forme et de l'autorité soit toujours respectée ; mais nous demanderons à ces formalistes qui mettent toute leur confiance dans un système et qui s'apitoient sur la faiblesse de l'Église, parce qu'elle refuse de s'appuyer sur des urnes électorales et sur la publicité de discussion, nous leur demanderons : dans quel parlement trouvent-ils plus de publicité de discussion, plus de fermeté dans les opinions, plus d'énergie dans le langage, plus de gravité dans les séances, que dans l'assemblée des évêques de l'univers entier réunis à Rome ? Déjà tous les organes de la publicité leur ont dit avec quelle unanimité les membres de ce congrès illustre ont condamné les usurpateurs de royaumes, les violateurs du droit, les oppresseurs de peuples. Trouvent-ils une garantie plus grande dans ces parlements où, une fois par an, on souffre que quelques députés disent la vérité, parce qu'on y compte par centaines d'autres députés qui la dissimulent ou la combattent? Trouvent-ils plus de garantie dans ces parlements où les catholiques, depuis douze ans, réclament leurs droits, mais en vain, et où l'on ouvre au schisme protestant, au nom de la liberté de conscience, les portes d'un pays qui le repousse et s'y refuse? Encore une fois nous le leur demandons, la trouvent-ils, cette garantie suffisante, dans ce parlement qui, pour avoir l'Église libre dans l'Etat libre, fait fermer les temples, jette en prison les prêtres, envoie en exil les évêques, vote l'abolition des ordres monastiques? Le temps viendra, nous en sommes sûrs, où les études faites de nos jours, à tout risque, à tout hasard, sur les fondements des sociétés modernes, et sur l'influence des idées catholiques sous la direction de l'Église, contribueront au bonheur des peuples. Mais tous ces éléments seront inertes, stériles, sans vie, tant qu'ils n'auront pas été fécondés par la voix d'une autorité révérée, suprême, devant laquelle l'orgueil de la raison humaine doit s'abaisser, parce qu'elle est infaillible, inaccessible à la crainte, inviolable, sainte et moralement invincible. Sans la garantie de cette autorité, tout suffrage est illusoire, parce qu'il peut se vendre et s'acheter; tout parlement inutile, parce qu'il peut être influencé, maîtrisé. La puissance, la véritable puissance, pour garantir efficacement les intérêts sociaux, résidera toujours dans l'Épiscopat présidé par le Pape, parce que là réside la seule autorité morale qui soit toujours prête à mourir pour la défense de la vérité.

Par cette fermeté prodigieuse, les évêques se montrent les fidèles héritiers des apôtres qui ne craignaient pas de dire au Sanhédrin : d'abord obéir à Dieu, ensuite au prince; des Ambroise et des Chrysostome qui infligeaient des pénitences publiques, qui refusaient l'entrée de la maison de Dieu aux Théodose, aux Eudoxie ; des Hildebrand, des Didier, qui du fond des solitudes du Mont-Cassin levaient la croix contre les plus terribles potentats et les domptaient. Le vénérable évêque d'Angoulême, Mgr Cousseau, évoquait naguère le souvenir de cet *héritage des forts*, dans son mandement pour la translation des reliques de Hugues Tison, son prédécesseur de sainte mémoire (1149-1159), et rappelait à ses diocésains la résistance que cet illustre évêque opposa aux volontés du roi d'Angleterre dans le concile de Bordeaux. Les évêques délibéraient pour donner un successeur à l'archevêque de cette ville qui venait de mourir; quand soudain le roi d'Angleterre apparaît dans la salle du conseil, accompagné d'un candidat de son choix. Henry II était déjà célèbre par l'assassinat sacrilége du grand défenseur des libertés de l'Église, saint Thomas de Cantorbéry. Les évêques se lèvent, restent debout et écoutent avec respect la proposition et l'éloge que leur fait le roi du candidat qu'il leur présente. Ils attendent que le roi se retire pour reprendre leur délibération et discuter en toute liberté. Mais il semblerait qu'Henry II admît le fameux principe de l'Église libre dans l'État libre, et, quoique le journalisme ne lui eût pas encore appris comment on donne la liberté à l'Église avec des gendarmes et le bâillon, il connaissait fort bien l'usage de la pression morale. Donc, ferme sur son siége au milieu des évêques, il reste à attendre leur décision. Les évêques étonnés hésitent et gardent le silence. A la fin, l'évêque Tison se lève et dit hardiment au terrible protecteur de l'Église libre : « Sire, « dans les élections le droit est pour nous; il ne « nous est pas permis de discuter en votre présence. Que Votre Majesté daigne se retirer, « afin que nous puissions donner sans crainte « et en toute liberté notre attention à la grave

« affaire qui nous est commise. Les dignités ec-
« clésiastiques ne doivent pas être conférées
« sur recommandation, même royale; la science
« et la vertu sont les seuls titres nécessaires pour
« les acquérir. » Voilà comment des évêques
parlèrent à un roi qui avait déjà fait ses preuves
et qui était capable de commander et de vouloir se faire obéir, le poignard des sicaires à la
main. Cependant, dit le chroniqueur, Henry II
se retira blessé et outré de colère (*cum magno
rancore tristis abscessit*). Son candidat ne fut
pas admis, et le siége épiscopal d'Angoulême
échut au plus digne.

Comprenez-vous maintenant ce qu'ont été,
ce que sont, ce que seront les évêques? De nos
jours, comme au temps passé, ils vont en exil
avec le cardinal archevêque de Ferno, le cardinal archevêque de Pise, le cardinal archevêque
de Naples. Ils vont en prison avec les évêques
de Fano, de Pesaro, d'Avélino, et, s'il le faut,
ils donneront leurs vies (comme plus d'un d'entre eux déjà l'ont exposée) suivant les traces
sanglantes de saint Thomas de Cantorbéry, de
saint Stanislas et de saint Jean Népomucène.
Quand des hommes inébranlables dans leurs
convictions défendent un droit dont l'inviola-
bilité sainte, reconnue par le monde entier, se
lie aux intérêts les plus sacrés de millions de
catholiques qui ne sont libres que par l'indé-

pendance de l'Église, une telle cause pourra bien un moment être entravée, mais perdue, jamais, jamais !

III

Spectacle de douceur et de modération dans la puissance.

Chut! chut! pour l'amour de Dieu, taisez-vous, dira peut-être un lecteur *prudent*. Est-ce le temps, est-ce à propos de vanter la puissance de l'Église? Ne voyez-vous donc pas qu'à force d'en être persuadés eux-mêmes, ses ennemis cachent et déguisent les attaques qu'ils dirigent contre le catholicisme? Malheur, malheur à nous, s'ils pouvaient entendre notre conversation !

Vous êtes par trop bon, cher lecteur, si vous tenez un pareil langage. Que pourraient-ils nous faire de pire que ce qu'ils nous font? Vous dites, vous, qu'ils sont persuadés de la puissance de l'Église; je dis, moi, qu'ils en sont non-seulement persuadés, mais très-persuadés ; et j'ajoute que si, avec une telle persuasion, ils montrent tant d'audace, c'est que les catholiques ne sont pas convaincus au même degré qu'eux de cette vérité, c'est qu'ils craignent, c'est qu'ils tremblent. Voilà pourquoi aussi nous avons cru nécessaire de parler hautement, franchement, et de mettre ces pages sous les yeux des catholiques, qui ne dédaigneront pas de les lire. Oh oui! on sait déjà, nous l'avons démontré, quelle est la puissance de l'Église; que cette puissance repose sur un principe moral de droit; que, par conséquent, elle est invincible, puisque aucune force au monde ne peut faire céder un principe. Voyons maintenant de quelle manière les agneaux peuvent vaincre les loups, et le sang des martyrs devenir une semence féconde de nouveaux chrétiens. Nous remplirons cette tâche en démontrant que la puissance dont Rome étale les grandeurs à notre admiration est la plus ferme sauvegarde des peuples, comme aussi la prodigieuse modération de l'esprit catholique est la garantie des rois et des gouvernements. Mais soyons prudents, puisque vous avez fait appel à notre prudence.

On a beaucoup parlé de la politique invasive de Rome; mais il faut avoir une grande et bonne dose de crédulité pour se laisser prendre à un pareil piége. La papauté règne depuis plus de douze cents ans, et il y a eu des époques où elle était l'arbitre du monde. Les princes venaient à l'envi se mettre à ses pieds, faire hommage et serment de fidélité, et dans ce vasselage, qui honorera toujours leur piété, ils trouvaient la garantie de l'obéissance de leurs propres sujets, un ferme appui, une tutelle redoutable contre les empiétements d'un voisin trop entreprenant. Quels agrandissements de territoire Rome a-t-elle faits à la faveur de cette quasi-toute-puissance? Quels traités de concession? A-t-elle payé des armées pour faire des conquêtes? L'argument le plus sérieux contre le pouvoir temporel du Pape, que font sonner bien haut certains *italianissimes*, est certainement celui-ci : « Puisque les États de l'Église ne peuvent être partie concrète de l'unité d'une autre monarchie italienne, le Pape ne devrait pouvoir s'agrandir en absorbant injustement les pays voisins dans l'unité de ses propres États. » Nous l'accordons : le fait est aussi vrai par lui-même que les récriminations sont injustes. Le vénérable Pontife qui occupe actuellement la chaire de Pierre a protesté plus d'une fois contre des offres d'annexion, et quand, il y a deux ans à peine, on lui proposait la présidence de la Confédération italienne, ne l'a-t-il pas refusée? Il l'a refusée, oui; non pas parce qu'il la croyait injuste, mais parce que, sans être ambitieux, ni dédaigneux de nouvelles grandeurs, il voulait examiner, réfléchir, et ne pas aller trop vite.

La modestie, la modération que Pie IX a reçues en héritage de ses prédécesseurs, entrent sous l'aspect d'une troisième merveille dans le tableau que nous avons contemplé avec ravissement, et que nous offre l'Église par son union inaltérable au milieu des ébranlements qui agitent le monde, et par son immense puissance nonobstant l'apparence de la plus grande faiblesse. Mais ce ravissement augmente encore en proportion du dévouement des fidèles envers leur mère commune, et de l'acharnement que ses ennemis mettent à la combattre, à la perdre.

Pour saisir tout l'effet de ces contrastes, imaginons dans la position du Pape une puissance humaine quelconque, monarchie, aristocratie, république, n'importe. Bien mieux, pour rendre le tableau encore plus saisissant et lui donner la fraîcheur de l'actualité et une couleur toute locale, plaçons sur la chaire de Pie IX, au milieu de ces ovations si franches, si délicates, qui n'ont pas été payées à beaux deniers comptants, ni forcées par la violence ou par la terreur, l'homme que de vils adulateurs appelaient naguère *divin*. Il trône sous l'immense coupole du Vatican : mille peuples fléchissent le genou devant lui ; les personnages les plus illustres lui font hommage de dévouement et d'amour ; les voix les plus éloquentes racontent ses grandeurs et ses privilèges ; les favorisés de la fortune lui apportent leurs trésors, tandis que les plus pauvres d'entre les pauvres lui offrent aussi une obole, obole économisée sur le pain noir qui les nourrit; des soldats généreux, une jeunesse héroïque, l'acclament et jurent de mourir pour lui. Son empire sur les consciences est presque absolu, son pouvoir se fait sentir en tout lieu, la hiérarchie dont il est le chef agit et fonctionne jusqu'aux extrêmes limites de la terre; d'un mot, d'un seul signe de tête, il pourrait susciter des soulèvements populaires contre ses oppresseurs, lancer des armées contre les envahisseurs de ses états. Quel usage ne feraient pas d'un tel pouvoir une monarchie, une république, un État quelconque qui en seraient investis...? Nous comprenons fort bien que l'abus qu'ils en feraient tendrait infailliblement à le diminuer. Mais, si nous le comprenons, nous, qui ne sommes pas exposés à l'enivrement du succès, les aveugles esclaves de leur ambition pourraient-ils le comprendre? Croyez-vous qu'ils ne seraient pas assez habiles pour coordonner tous ces moyens en un système de séductions, de mensonge, ainsi que l'a fait Henry VIII, en incrustant dans l'anglicanisme, qui dure depuis trois siècles, tous les débris de la hiérarchie catholique qu'il venait de briser? Ils le sauraient et le voudraient. Ne se sont-ils pas essayés à quelque chose de pareil en 1848, alors que toute leur application, toutes leurs intrigues tendaient à surprendre à Pie IX une sanction pour leurs rêves et une bénédiction pour leurs armes? Oh! si Pie IX avait pu oublier la cause de l'Église, la paternité universelle du Pontife, la gloire de Dieu, le salut des âmes, ce but unique des droits que lui donne le sceptre spirituel avec lequel il gouverne les consciences, combien il aurait pu agrandir ses États! combien ces *italianissimes* se seraient-ils estimés heureux, et comme ils auraient acclamé ce Pontife qu'ils s'efforcent aujourd'hui de traîner dans la boue.

Mais Rome n'accepta pas, Rome ne pouvait accepter de devenir le centre de toutes les grandeurs et le repaire des conspirateurs italiens; encore moins de profaner sacrilégement à ce dessein la quasi-omnipotence spirituelle dont elle est investie. Tel est l'enseignement que donne à Rome le Souverain Pontife qui, entouré moralement de tout l'épiscopat, porté en triomphe par l'amour des peuples catholiques, reste tout humble au milieu d'une si grande gloire.

Cette humilité dans l'exaltation, cette modération au milieu des amorces, des allèchements de l'ambition, cette douceur envers des ennemis acharnés, mais impuissants, sont la plus belle garantie contre les craintes des hommes politiques qui, comme M. Billaut, voient dans le gouvernement du Pape un péril pour les autres États. Insensés! c'est dans le moment où les plus fins limiers de la police flairent à chaque carrefour, au coin de chaque rue, des conspirateurs; où tous les ambassadeurs près les puissances étrangères saisissent la trame de la conjuration; où le glaive de la justice frappe les attentats révolutionnaires; où les sociétés secrètes préparent, pour la première occasion opportune, un décisif et terrible assaut contre la société; où leurs affidés allument les torches incendiaires, aiguisent les poignards et chargent les bombes; c'est dans un pareil moment que vous vous montrez effrayés des conspirations, des usurpations de la cour romaine, qui, depuis des siècles, se refuse à tout agrandissement, déteste toute conquête injuste, et ne demande rien autre que l'ordre et la paix; oh! ce ne peut être que de l'hypocrisie ou de la folie.

La modération est une vertu essentielle de la Papauté; elle entre dans le système général de l'institution de l'Église comme condition *sine qua non* de la société chrétienne. Son divin fondateur ne voulait pas réunir dans l'unité de l'Église les individus seulement, mais tous les peuples que son Père éternel lui avait donnés en héritage[1]. Cette réunion ne pouvait acquérir

---

[1] Dabo tibi gentes hæreditatem tuam. (Ps. 2, 8.) Data est mihi omnis potestas in cœlo et in terrâ. Euntes ergo docete omnes gentes. (Matt., xxviii, 18.)

une unité parfaite, à moins d'être dirigée par une autorité organisatrice. Mais comment établir cette autorité de manière qu'elle pût tout pour le bien et rien pour le mal? Les hommes politiques de notre temps ont entrevu ce problème dans nos sociétés modernes, et ils ont cru pouvoir en résoudre la difficulté par la fameuse division des pouvoirs, et par cet adage : « Quand l'un fait la loi, qu'un autre l'exécute et qu'un troisième en punit l'infraction, nécessairement la justice doit régner par l'équilibre des trois pouvoirs. » Hélas! ils n'ont pas réfléchi, ces politiques peu avisés, que leurs trois pouvoirs ne sont pas garantis contre le dissentiment et l'obstination, et qu'ils peuvent amener, le cas échéant, la paralysie ou la guerre civile; qu'ils peuvent également se combiner avec l'oppression tyrannique d'un parti, et donner pour résultat l'état de choses dont est régalée de nos jours la malheureuse Italie. Tant nous vaut leur peu d'aptitude à ne pouvoir comprendre, comme le dit Romagnesi, que la dicothomie de l'autorité est aussi absurde qu'il est absurde de vouloir obtenir l'unité par la multiplicité et l'adhérence par la séparation.

Dieu trouva dans les trésors de sa sagesse infinie un plan bien autrement efficace à la réunion de tous les peuples chrétiens dans une parfaite unité. La diversité de leurs intérêts matériels réclamait des organisations essentiellement diverses. Aussi le régime de l'ordre temporel et de la force matérielle qui le soutient fut donné aux monarchies et aux gouvernements de forme diverse; et, pour obtenir l'union de tous ces gouvernements dans l'unité de la foi chrétienne, les intérêts matériels ont été subordonnés à l'ordre moral, ainsi que les besoins de l'homme l'exigent; mais l'enseignement de l'ordre moral fut confié à l'Église, comme seule et unique maîtresse, à l'Église dont le Pape est l'organe suprême. Ainsi les principes moraux de l'ordre politique sont partout les mêmes et également inviolables pour tous les peuples chrétiens, quoique l'application de ces principes change et varie suivant les pays. Mais, afin que les arrêts de cette autorité suprême et modératrice de tous les peuples fussent parfaitement libres dans leur principe et dans leur manifestation extérieure, inaccessibles à la partialité, et à l'abri de toute influence politique, il entrait dans le plan de la sagesse infinie de Dieu que le chef de son Église fût aussi souverain temporel, qu'il eût des États d'une étendue suffisante pour garantir son indépendance, mais pas assez considérables pour exciter la défiance et la jalousie des autres souverains.

Mais, de grâce, qui peut assurer que le Pape, en possession d'une si grande influence, n'accommode les décisions de la morale à ses propres intérêts, ainsi que le trépied de Delphes ou les augures de Rome accommodaient pronostics et oracles à leurs passions et à leurs convoitises? Les réponses à cette difficulté ne manquent pas; les documents abondent, ils sont répandus chez toutes les nations chrétiennes; ouvrez les *Décrétales,* et vous serez convaincu de l'impossibilité de cette dérivation frauduleuse et intéressée. Non, le Pape ne peut abuser et n'a jamais abusé de son autorité en vue de ses propres intérêts. Durant des siècles — du VIIIe au XIXe — la Providence perpétue à Rome le miracle d'un souverain investi d'une puissance unique, sans égale, qui ne veut d'aucun agrandissement et qui dédaigne tout pouvoir arbitraire; il voit les nations de la terre se prosterner à ses pieds, et il ne demande à leur dévouement et à leur obéissance que le tribut de la foi dans le vrai, de l'amour de l'ordre dans la justice. Ce miracle, dont la durée est de douze siècles, que les évêques du monde entier, réunis sous nos yeux autour de la chaire de saint Pierre dans une majestueuse unité, ont constaté et confirmé, prouve surabondamment à lui seul que le Pape est vraiment le successeur du monarque suprême, qui, comme le chante l'Église :

> Non eripit mortalia,
> Qui regna dat cœlestia.

Non! non! celui qui ouvre les cieux n'usurpe pas les royaumes de ce monde. Cessez donc vos défiances, calmez vos jalousies, Hérodes modernes, vous qui défendez à vos sujets de puiser à pleines mains dans l'inestimable trésor de la vérité catholique, de communiquer librement avec l'oracle qui l'interprète. Cette vérité, souveraine et légitime dominatrice des intelligences, vous fait peur; vous tremblez devant celui qui a le devoir d'interpréter ses oracles et qui apparaît à vos yeux comme le régulateur et l'*arbitre* de la conscience ! Oui, *arbitre* à la manière d'Euclide lorsqu'il démontrait que *la somme des angles d'un triangle est égale à la somme de deux angles droits*; arbitre à la manière de l'architecte qui vous menace de l'écroulement de la maîtresse-muraille que vous avez établie à faux! Vous ne voyez donc pas, insensés que vous êtes, les passions mauvaises, interprétées et surexcitées par un journalisme corrupteur et furibond, entraîner par une force irrésistible vos propres sujets à la révolte, si vous les arrachez à l'empire légitime et à l'obéissance de la vérité catholique?

Non! l'Église ne veut pas dominer le monde dans la tyrannie, mais seulement diriger les consciences en maîtresse. Ce magistère universel, nécessaire pour constituer les nations catholiques en une seule société, devrait être tel, qu'il pût tout pour le bien et dans le bien, qu'il pût tout pour opposer une résistance indomptable à tout mal. Cela serait, disons-le sans émouvoir d'injustes susceptibilités, si l'Église présidait à l'ordre comme maîtresse souveraine et étendait sa suprématie sur les dépositaires mêmes du pouvoir. Ainsi, dans l'unité des nations chrétiennes, on obtiendrait la véritable distinction entre le pouvoir législatif universel, exercé par le Pape d'une manière infaillible, et le pouvoir exécutif national, exercé librement, mais selon l'ordre moral, par les souverains.

Hélas! quand donc les princes et les peuples chrétiens comprendront-ils pleinement cet ordre divin, qui ferait la paix des empires, la justice des rois et le bonheur des peuples [1]!

CONCLUSION

Quand le comprendront-ils? Nous ne le savons pas. Mais assurément le spectacle que Rome vient de donner au monde est si prodigieux, que bien des illusions devront s'évanouir,

---

[1] Cette doctrine se trouve exposée et développée d'une façon remarquable dans la *Politique catholique*, par l'abbé Chantôme. Paris, Tolra et Haton, éditeurs.

bien des préoccupations se calmer. La vue de l'union, si miraculeuse, entre des multitudes d'adeptes de toutes les nations du globe, frappera l'attention des esprits droits et justes, qui ne pourront refuser leur hommage à la vérité de la foi par laquelle s'est formée cette unité. Pour eux aussi la considération de tant de fermeté dans le droit, chez un souverain sans moyens de défense, en face d'une conspiration formidable et armée, tournera à l'avantage de cette puissance morale dont on a presque perdu l'idée, la confiance et le respect. On découvrira enfin la sublime origine de cette puissance, et, en voyant tant de modestie, tant d'humilité, tant de modération, s'identifier avec un pouvoir si élevé, on mettra de côté toute jalousie et l'on renoncera pour toujours à toute défiance.

Si, pour arriver à ce triple triomphe moral, la Providence permettait que les succès matériels de l'impiété atteignissent les extrêmes limites de l'énormité, nous sommes sûrs que la Victime auguste qui, au Vatican, s'offre en sacrifice depuis trois ans, serait heureuse de mourir en se rappelant que le divin Rédempteur ne put devenir réellement le conquérant du monde que par son exaltation sur la croix. *Exaltatus a terrâ, omnia traham ad meipsum.* (Johan., XII, 32.)

ADRESSE

PRÉSENTÉE A SA SAINTETÉ

PAR S. ÉM. LE CARDINAL MATTEI,

DOYEN DU SACRÉ-COLLÉGE,

AU NOM DE TOUS LES ÉVÊQUES PRÉSENTS A ROME.

Très-Saint Père,

Depuis que les apôtres de Jésus-Christ, au jour sacré de la Pentecôte, étroitement unis à Pierre, chef de l'Église, reçurent le Saint-Esprit, et qu'entraînés par sa divine impulsion ils annoncèrent à des hommes de presque toutes les nations rassemblés dans la Ville sainte, et à chacun dans sa langue, les merveilles de la puissance de Dieu, jamais, nous le croyons, jusqu'à ce jour et au retour de cette même solennité, autant de leurs héritiers ne se sont trouvés réunis autour du vénérable successeur de

Pierre pour entendre sa parole, pour écouter ses décrets, pour fortifier son autorité. Or, de même que rien ne pouvait arriver de plus doux aux apôtres, à travers les périls de l'Église naissante, que d'environner le premier Vicaire de Jésus-Christ sur cette terre, tout récemment inspiré de l'Esprit de Dieu; ainsi, pour nous, au milieu des angoisses présentes de la sainte Église, rien n'est plus cher, rien n'est plus sacré que de déposer aux pieds de Votre Béatitude tout ce que nos cœurs contiennent de vénération et d'amour pour Votre Sainteté, et, en même temps, de déclarer unanimement de quelle admiration nous sommes pénétrés pour les hautes vertus dont brille notre Pontife souverain, et combien, du fond de nos entrailles, nous adhérons à ce que, nouveau Pierre, il a enseigné, à ce qu'il a si courageusement résolu et décidé.

Une nouvelle ardeur enflamme nos cœurs; une lumière de foi plus vivifiante éclaire nos intelligences, un amour plus sacré saisit nos âmes. Nous sentons nos langues vibrantes de ces flammes qui allumaient d'un désir ardent pour le salut des hommes le cœur de Marie, près de laquelle étaient les apôtres, et entraînaient ces mêmes apôtres à proclamer les grandeurs de Dieu.

Rendant donc de vives actions de grâces à Votre Béatitude de ce qu'elle nous a permis, en ces temps si difficiles, d'approcher de son trône pontifical, de vous consoler dans vos afflictions et de vous témoigner publiquement les sentiments qui inspirent nous-mêmes, notre clergé et les peuples confiés à nos soins, nous vous adressons d'une seule voix et d'un seul cœur nos acclamations, nos souhaits et nos vœux de bonheur. Vivez longtemps, Saint-Père, et heureusement, pour le gouvernement de l'Église catholique. Continuez, comme vous le faites, à la protéger par votre énergie, à la diriger par votre prudence, à l'orner par vos vertus. Marchez devant nous; comme le bon pasteur, donnez-nous l'exemple, paissez les brebis et les agneaux dans les célestes pâturages, fortifiez-les par les eaux célestes de la sagesse. Car vous êtes pour nous le maître de la saine doctrine, vous êtes le centre de l'unité, vous êtes pour les peuples la lumière indéfectible préparée par la sagesse divine, vous êtes la pierre, vous êtes le fondement de l'Église elle-même, contre laquelle les portes de l'enfer ne prévaudront jamais. Quand vous parlez, c'est Pierre que nous entendons; quand vous décrétez, c'est à Jésus-Christ que nous obéissons. Nous vous admirons au milieu de tant d'épreuves et de tempêtes, le front serein, le cœur imperturbable, accomplissant votre ministère sacré, invincible et debout.

Mais tandis que nous avons ainsi tant de sujets de nous glorifier, nous ne pouvons pas nous empêcher en même temps de tourner nos regards vers de tristes spectacles. De toutes parts, en effet, se dressent devant nos esprits ces crimes épouvantables qui ont dévasté misérablement cette belle terre d'Italie, dont Vous, bienheureux Père, êtes l'honneur et l'appui, et qui s'efforcent d'ébranler et de renverser votre souveraineté et celle de ce Saint-Siége, de qui tout ce qu'il y a de beau dans la société civile a découlé comme de sa source originelle. Ni les droits permanents des siècles, ni la longue et pacifique possession du pouvoir, ni les traités sanctionnés et garantis par l'autorité de l'Europe entière, n'ont pu empêcher que tout ne fût bouleversé, au mépris de toutes les lois sur lesquelles jusqu'ici s'appuyaient l'existence et la durée des États.

Pour nous occuper de ce qui nous touche de plus près, vous, Très-Saint Père, nous vous voyons, par le crime de ces usurpateurs qui ne prennent la « li-« berté que pour voile de leur malice, » dépouillé de ces provinces qui jouissaient d'une équitable administration par les soins et sous la protection de la dignité du Saint-Siége et de toute l'Église. Votre Sainteté a résisté avec un invincible courage à ces iniques violences, et nous devons vous en rendre les plus vives actions de grâces au nom de tous les catholiques.

En effet, nous reconnaissons que la souveraineté temporelle du Saint-Siége est une nécessité et qu'elle a été établie par un dessein manifeste de la Providence divine; nous n'hésitons pas à déclarer que, dans l'état présent des choses humaines, cette souveraineté temporelle est absolument requise pour le bien de l'Église et pour le libre gouvernement des âmes. Il fallait assurément que le Pontife romain, Chef de toute l'Église, ne fût ni le sujet ni même l'hôte d'aucun prince; mais qu'assis sur son trône et maître dans son domaine et son propre royaume, il ne reconnût de droit que le sien et pût, dans une noble, paisible et douce liberté, protéger la foi catholique, défendre, régir et gouverner toute la République chrétienne.

Qui donc pourrait nier que dans le conflit des

choses, des opinions et des institutions humaines, il faille au centre de l'Europe un lieu sacré, placé entre les trois continents du vieux monde, un siége auguste, d'où s'élève tour à tour, pour les peuples et pour les princes, une voix grande et puissante, la voix de la justice et de la liberté, impartiale et sans préférence, libre de toute influence arbitraire, et qui ne puisse ni être comprimée par la terreur, ni circonvenue par les artifices?

Comment donc, et de quelle manière aurait-il pu se faire que les prélats de l'Église, venant de tous les points de l'univers, représentant tous les peuples et toutes les contrées, arrivassent ici en sécurité pour conférer avec Votre Sainteté des plus graves intérêts, s'ils y eussent trouvé un prince quelconque dominant sur ces bords, qui eût en suspicion leurs propres princes ou qui eût été suspecté par eux, à cause de son hostilité? Il y a, en effet, les devoirs du chrétien, et il y a les devoirs du citoyen; devoirs qui ne sont nullement contraires, mais qui sont différents; comment les Évêques pourraient-ils les accomplir, s'il ne dominait pas à Rome une souveraineté temporelle telle que la souveraineté pontificale, exempte de tout droit d'autrui, et centre de la concorde universelle, n'aspirant à aucune ambition humaine, ne préparant rien pour la domination terrestre?

Nous sommes venus libres vers le Pontife-Roi libre, pasteurs dans les choses de l'Église, citoyens dévoués au bien et aux intérêts de la patrie, et ne manquant ni à nos devoirs de pasteurs ni à nos devoirs de citoyens.

Puisqu'il en est ainsi, qui donc oserait attaquer cette souveraineté si ancienne, fondée sur une telle autorité, sur une telle force des choses? Quelle autre puissance lui pourrait être comparée, si l'on considère même ce droit humain sur lequel reposent la sécurité des princes et la liberté des peuples? Quelle puissance est aussi vénérable et sainte? Quelle monarchie ou quelle république peut se glorifier, dans les siècles passés ou modernes, de droits si augustes, si anciens, si inviolables? Ces droits, si, une fois et pour ce Saint-Siége, ils étaient méprisés et foulés aux pieds, quel prince serait assuré de garder son royaume, quelle république son territoire? Aussi, Très-Saint Père, c'est pour la religion sans doute, mais c'est aussi pour la justice et pour le droit, qui sont parmi les nations les fondements des choses humaines, que vous luttez et que vous combattez.

Mais il ne nous appartient pas de parler plus longtemps de cette grave matière, nous qui avons écouté sur elle non pas tant vos paroles que vos enseignements. Votre voix, en effet, semblable à la trompette sacerdotale, a proclamé dans tout l'univers que: « c'est par un dessein particulier de la divine Provi- « dence que le Pontife romain, placé par Jésus-Christ « comme le chef et le centre de toute son Église, a « obtenu une souveraineté temporelle [1]; » nous devons donc tous tenir pour certain que cette souverai-

---

[1] Lettres apostoliques du 26 mai 1860. Allocution du 20 juin 1859. Encyclique du 9 juin 1860. Allocution du 17 décembre 1860.

neté n'a pas été fortuitement acquise au Saint-Siége, mais qu'elle lui a été attribuée par une disposition spéciale de Dieu, par une longue série d'années, par le consentement unanime de tous les États et de tous les empires, et qu'elle a été fortifiée et maintenue par une sorte de miracle.

Vous avez également déclaré, dans un langage élevé et solennel, « que vous vouliez conserver éner« giquement et garder entiers et inviolables la sou« veraineté civile de l'Église romaine, ses possessions « temporelles et ses droits, qui appartiennent à l'uni« vers catholique; que la protection de la souverai« neté du Saint-Siége et du patrimoine de saint Pierre « regardait tous les catholiques; que vous êtes prêt « à sacrifier votre vie plutôt que d'abandonner en « quoi que ce soit cette cause de Dieu, de l'Église et « de la justice[1]. » Applaudissant par nos acclamations à ces magnifiques paroles, nous répondons que nous sommes prêts à aller avec vous à la prison et à la mort; nous vous supplions humblement de demeurer inébranlable en ce ferme dessein et en cette constance, donnant aux anges et aux hommes le spectacle d'une âme invincible et d'un courage souverain. C'est ce que vous demande l'Église de Jésus-Christ, pour l'heureux gouvernement de laquelle la souveraineté temporelle a été providentiellement attribuée aux Pontifes romains, et qui a tellement senti que la protection de cette souveraineté était son affaire, qu'autrefois, durant la vacance du Siége apostolique et au milieu de plus redoutables extrémités, tous les

---

[1] Lettre encyclique du 19 janvier 1860.

Pères du concile de Constance ont voulu administrer eux-mêmes en commun les possessions temporelles de l'Église romaine, ainsi que les documents publics en font foi. C'est ce que vous demandent les chrétiens fidèles, dispersés dans toutes les contrées du globe, qui se félicitent de nous avoir vus venir librement à vous et librement vaquer aux intérêts de leurs consciences ; c'est ce que vous demande, enfin, la société civile, qui sent que la subversion de votre gouvernement ébranlerait ses propres fondements.

Quoi de plus? Vous avez condamné, par un juste jugement, ces hommes coupables qui ont envahi les biens ecclésiastiques, et vous avez proclamé « nul et de nul effet » tout ce qu'ils ont accompli [1] ; vous avez décrété que tous les actes tentés par eux étaient « illégitimes et sacriléges [2] » ; vous avez décrété avec raison et à bon droit, « que les auteurs de ces forfaits étaient passibles des peines et censures ecclésiastiques [3]. »

Ces graves paroles de votre bouche, ces actes admirables, nous devons les accueillir avec respect et y renouveler notre plein assentiment. En effet, de même que le corps souffre toujours avec la tête, à laquelle il est uni par le lien des membres et par une même vie, de même il est nécessaire que nous soyons en parfaite sympathie avec vous. Nous sommes tellement joints à vous dans votre désolante affliction,

---

[1] Allocution du 26 septembre 1860.
[2] Allocution du 20 juin 1859.
[3] Lettres apostoliques du 26 mars 1859.

que tout ce que vous souffrez nous le souffrons également par l'accord de notre amour. Nous supplions Dieu qu'il mette fin à des perturbations si injustes et qu'il rende à sa liberté et à sa gloire première l'Église, épouse de son Fils, si misérablement dépouillée et opprimée.

Mais nous ne nous étonnons pas que les droits du Saint-Siége soient si ardemment et si implacablement attaqués. Il y a déjà plusieurs années que la folie de certains hommes en est arrivée à ce point, non-seulement de s'efforcer de rejeter toutes les doctrines de l'Église ou de les révoquer en doute, mais de se proposer de renverser de fond en comble la vérité chrétienne et la république chrétienne. De là ces tentatives impies, d'une vaine science et d'une fausse érudition contre les doctrines de nos saintes lettres et leur inspiration divine; de là ce soin perfide d'arracher la jeunesse à la tutelle maternelle de l'Église, pour la pénétrer des erreurs du siècle, souvent même en la soustrayant à toute éducation religieuse; de là ces nouvelles et pernicieuses théories sur l'ordre social, politique et religieux, qui se répandent impunément partout; de là cette habitude trop familière à plusieurs dans ces contrées de mépriser l'autorité de l'Église, d'usurper ses droits, de méconnaître ses préceptes, d'insulter ses ministres, de faire dérision de son culte, d'avoir en honneur et d'exalter tous les hommes, surtout les ecclésiastiques, qui s'écartent misérablement de la religion et marchent dans la voie de la perdition. Les vénérables prélats et les prêtres du Seigneur sont dépossédés de leur pouvoir, contraints à l'exil ou jetés dans les fers; ils sont traînés devant les tribunaux civils avec affront, pour être demeurés fidèles à leur saint ministère. Les épouses du Christ gémissent chassées de leurs asiles, consumées de détresse, ou prêtes à mourir de misère ; les religieux sont forcés à rentrer dans le monde malgré eux ; des mains violentes s'étendent sur le patrimoine sacré de l'Église ; par des livres détestables, par les journaux, par les images, une guerre terrible et continuelle est déclarée à la fois aux mœurs, à la vérité, à la pudeur même.

Ceux qui se livrent à de telles agressions savent parfaitement que c'est dans le Saint-Siége comme dans une forteresse inexpugnable que résident la force et la vertu de toute justice et de toute vérité, et que les efforts de l'ennemi se brisent contre cette citadelle ; que le Saint-Siége est une vigie du haut de laquelle les yeux clairvoyants du gardien suprême aperçoivent de loin les embûches préparées et les annoncent à ses compagnons. De là cette haine implacable, de là cette envie inguérissable, de là ce zèle passionné des hommes pervers qui voudraient déprimer l'Église romaine et le Saint-Siége apostolique, et les détruire, s'il était jamais possible.

A cette vue, Bienheureux Père, ou seulement à ces récits, qui ne laisserait couler ses larmes ? Saisis donc d'une juste douleur, nous levons les yeux et les mains au ciel, implorant de toutes les forces de notre âme l'Esprit divin, afin que Lui, qui, en ce jour, a fortifié et sanctifié sous l'autorité de Pierre l'Église naissante, la protége, l'étende, la glorifie aujourd'hui sous votre houlette et sous votre sceptre. Qu'elle soit témoin des vœux que nous formons, Marie solennellement saluée par vous du titre d'Immaculée; qu'elles en soient témoins, ces cendres sacrées des saints Patrons de l'Église romaine, Pierre et Paul, ainsi que les reliques vénérables de tant de Pontifes, de martyrs et de confesseurs, qui rendent sainte et sacrée la terre même que nous foulons; qu'ils en soient particulièrement témoins, ces bienheureux qu'aujourd'hui un suprême décret de vous a inscrits dans l'ordre des saints; ils doivent prendre à un titre nouveau la protection de l'Église, et ils offriront pour vous, du haut de leurs autels, au Dieu tout-puissant leurs premières prières.

En leur présence donc, nous, Évêques, afin que l'impiété ne feigne pas d'en ignorer ni ose le nier, nous condamnons les erreurs que vous avez condamnées, nous rejetons et détestons les doctrines nouvelles et étrangères qui se propagent partout au détriment de l'Église de Jésus-Christ; nous condamnons et réprouvons les sacriléges, les rapines, les violations de l'immunité ecclésiastique et les autres forfaits commis contre l'Église et le Siége de Pierre.

Cette protestation, dont nous demandons l'inscription dans les fastes publics de l'Église, nous la proférons en toute sincérité au nom de nos Frères qui sont absents; soit de ceux qui, au milieu de tant d'angoisses, retenus par la force dans leurs maisons, pleurent aujourd'hui et se taisent; soit de ceux qui, empêchés par de graves affaires ou par leurs mauvaise santé, n'ont pu se joindre à nous aujourd'hui. Nous ajoutons à nous notre clergé et le peuple fidèle, qui, animés comme nous d'une pieuse vénération et d'un profond amour, ont prouvé leur affection pour vous tant par leurs prières assidues et sans relâche que par les offrandes du Denier de Saint-Pierre, multipliées avec une généreuse largesse, sachant bien que leurs sacrifices doivent procurer à la fois et le soulagement des besoins du Pasteur suprême et la garde de sa liberté.

Plût à Dieu que tous les peuples s'entendissent pour mettre en sécurité cette cause sacrée de l'univers chrétien et de l'ordre social.

Plût à Dieu que les rois et les puissants du siècle comprissent que la cause du Pontife est la cause de tous les princes et de tous les États! plût à Dieu qu'ils vissent où tendent les criminels efforts de ses adversaires, et qu'enfin ils prissent des résolutions décisives!

Plût à Dieu que vinssent à résipiscence ces quelques malheureux ecclésiastiques et religieux qui, oubliant leur vocation, refusant l'obéissance due aux supérieurs et usurpant témérairement l'autorité de l'Église, courent à leur perte!

Voilà ce que, pleurant avec vous, Très-Saint Père, nous sollicitons ardemment du Seigneur, pendant que, prosternés à vos pieds, nous demandons de vous cette force céleste que donne votre bénédiction apostolique et paternelle. Qu'elle soit abondante, qu'elle sorte largement du fond même de votre cœur, afin que non-seulement elle s'étende sur nous, mais qu'elle découle sur nos frères bien-aimés qui sont absents et sur les fidèles qui nous sont confiés! Qu'elle soit pour nos douleurs et celles du monde un adoucissement et un soulagement; qu'elle relève notre faiblesse, qu'elle féconde nos travaux et nos œuvres, et qu'enfin elle amène promptement à la sainte Église de Dieu des temps plus heureux!

Rome, le VIII juin de l'an du Seigneur mil-huit-cent-soixante-deux.

RÉPONSE DU SAINT-PÈRE.

« Les sentiments que vous Nous avez exprimés,
« Vénérables Frères et Fils bien-aimés, Nous ont
« causé une joie profonde; ce sont les gages de votre
« amour envers le Saint-Siége, et bien plus encore le
« témoignage éclatant et magnifique de ce lien de
« charité qui unit si étroitement les pasteurs de l'É-
« glise catholique non-seulement entre eux, mais avec
« cette Chaire de vérité; d'où il est manifeste que le
« Dieu auteur de la paix et de la charité est avec
« nous. Et si Dieu est avec nous, qui sera contre nous?
« Louange donc, honneur et gloire à Dieu! A vous,
« paix, salut et joie! paix à vos cœurs! salut aux chré-
« tiens fidèles commis à vos soins! joie pour vous et
« pour eux, afin que vous exultiez avec les saints,
« chantant un cantique nouveau dans la Maison du
« Seigneur pendant les siècles des siècles! »

www.ingramcontent.com/pod-product-compliance
Lightning Source LLC
LaVergne TN
LVHW021722080426
835510LV00010B/1093